# MINISTÈRE DES FINANCES

## DIRECTION GÉNÉRALE DES CONTRIBUTIONS DIRECTES, DE L'ENREGISTREMENT, DES DOMAINES ET DU TIMBRE

# CONTRIBUTIONS DIRECTES

### (2ᵉ DIVISION. — 1ᵉʳ ET 3ᵉ BUREAUX)

## RÈGLES À SUIVRE

### POUR LA DÉSIGNATION DES CONTRIBUABLES SUR LES MATRICES CADASTRALES ET GÉNÉRALES ET POUR LEUR CLASSEMENT ALPHABÉTIQUE SUR CES DOCUMENTS

### ( 10 décembre 1927)

## PARIS

### IMPRIMERIE NATIONALE

### 1927

# MINISTÈRE DES FINANCES

DIRECTION GÉNÉRALE DES CONTRIBUTIONS DIRECTES,

DE L'ENREGISTREMENT,

DES DOMAINES ET DU TIMBRE

# CONTRIBUTIONS DIRECTES

(2ᵉ DIVISION. — 1ᵉʳ ET 3ᵉ BUREAUX)

## RÈGLES À SUIVRE

POUR LA DÉSIGNATION DES CONTRIBUABLES

SUR LES MATRICES CADASTRALES ET GÉNÉRALES

ET POUR

LEUR CLASSEMENT ALPHABÉTIQUE SUR CES DOCUMENTS

(10 décembre 1927)

PARIS

IMPRIMERIE NATIONALE

—

1927

# INTRODUCTION.

1. La présente notice trace les règles à observer pour que les contribuables soient désignés sur les matrices cadastrales et générales d'une manière à la fois rationnelle et uniforme ; elle indique, en outre, l'ordre suivant lequel doivent y être rangés les collectivités et les particuliers (1), une réglementation stricte à cet égard pouvant seule permettre une consultation méthodique des documents.

Un exemple fictif, disposé en annexe, précise la portée des diverses règles, qui sont suivies chacune d'un renvoi aux numéros d'inscription sur cet exemple des contribuables rentrant dans le cas envisagé.

## § I<sup>er</sup>. — DÉSIGNATION DES CONTRIBUABLES

### RÈGLES GÉNÉRALES.

2. Sur les matrices cadastrales et générales, les contribuables sont désignés par leur nom patronymique ou nom de famille, suivi de leur prénom usuel, de leur profession ou qualité et de leur demeure.

La lettre M. (*Monsieur*) est imprimée au début des lignes ouvertes pour l'inscription de ces données ; lorsqu'il s'agit d'un contribuable féminin, cette abréviation doit être convertie en M$^{me}$ (*Madame*) ou M$^{lle}$ (*Mademoiselle*), ainsi qu'il appartient (n$^{os}$ 93, 98, 99, 107, 141, etc.).

Afin de prévenir toute altération de mots, les noms, prénoms, professions ou qualités et demeures des contribuables doivent toujours être consignés très lisiblement sur les matrices et sans aucune abréviation.

### a. *Nom, prénom, profession ou qualité.*

3. L'indication du nom de famille et du prénom usuel, complétée par celle de la qualité ou profession, est suffisante dans la généralité des cas. Il convient toutefois d'adjoindre au nom du contribuable le nom de sa femme,

---

(1) Il est dérogé à l'ordre dont il est ici question dans certaines villes importantes où les matrices cadastrales et générales sont dressées, non d'après l'ordre alphabétique des contribuables, mais suivant l'ordre topographique des rues et numéros de maisons.

lorsque l'intéressé est communément désigné de la sorte ou encore dans le cas d'homonymie (n°ˢ 116, 117).

Pour des raisons analogues, il est parfois indiqué de mentionner soit les prénoms secondaires du contribuable (n°ˢ 119, 120), soit même le surnom ou pseudonyme sous lequel il est notoirement et couramment dénommé (n°ˢ 122, 133).

4. Les femmes mariées (1) et les veuves sont désignées sous le nom de leur mari, mais il est utile de compléter ce dernier nom par le nom patronymique de la femme; il convient, en outre, pour les veuves, de porter le mot *veuve* à la suite du nom du mari (n°ˢ 98, 107, 126, 132, etc.).

Les femmes divorcées non remariées sont désignées simplement par leur nom de famille et leur prénom [n° 99] (2).

5. Les particules dites nobiliaires (*de, d', du, de la, des*), par lesquelles débutent certains noms de famille, ne doivent pas être rejetées à la fin du nom, mais maintenues en tête [n°ˢ 100, 102, 104, 105, 107, 110, etc.] (3).

Il en est de même des particules étrangères (n°ˢ 134, 148) et des articles *le, l', la, les* qui précèdent certains noms (n°ˢ 121, 126, 130, 131, etc.).

D'une manière plus générale, les noms patronymiques composés doivent être transcrits tels qu'ils s'énoncent et sans aucune interversion dans leurs différentes parties (n°ˢ 97, 112, 142, etc.).

6. La profession est à libeller aussi succinctement qu'il est possible et il n'y a pas lieu de reproduire systématiquement les appellations fournies par le tarif des patentes à l'égard des professions dont il s'agit (n°ˢ 121, 140, etc.).

Dans le cas de pluralité de professions, la profession principale est seule à mentionner.

7. Il faut s'abstenir d'alourdir les désignations par des mentions telles que *célibataire majeur, femme séparée de biens, mineur, sans profession,* qui

---

(1) En matière de contribution foncière notamment, la femme mariée est personnellement imposable pour les biens dont elle a l'administration et la jouissance (tous les biens de la femme, sous le régime de la séparation de biens; biens paraphernaux, sous le régime dotal)

(2) La même règle trouve encore son application lorsque le jugement prononçant une séparation de corps ou un jugement postérieur a interdit à la femme de porter le nom de son mari ou l'a autorisée à ne pas le porter (Code civil, art. 311).

(3) La qualification nobiliaire (duc, marquis, comte...), lorsqu'il y a lieu, est indiquée à la suite du nom et entre parenthèses (n°ˢ 97, 98, 100, 147).

sont sans intérêt véritable au point de vue de l'identification des contribuables.

### b. *Demeure.*

8. Pour tous les contribuables habitant la commune même de l'imposition, on doit se dispenser de mentionner le nom de cette commune : l'indication du nom et du numéro de la rue (1), du hameau ou du lieu-dit est suffisante (nᵒˢ 93, 97, 108, etc.).

9. Lorsqu'au contraire le contribuable habite hors de la commune, mais dans le département, il convient de relater, outre les indications qui précèdent, le nom de la commune où réside le contribuable (nᵒˢ 104, 109, 118, etc.).

10. Si le contribuable habite hors du département, son adresse doit comprendre le nom du département, de la colonie ou du pays étranger où il a son domicile (nᵒˢ 100, 107, 112, 138, etc.).

11. A l'égard des contribuables habitant Paris et Lyon, il est utile de préciser, toutes les fois qu'on le peut, le numéro de l'arrondissement (nᵒˢ 105, 146, etc.).

12. En ce qui concerne les mineurs non émancipés et les majeurs en état d'interdiction, la résidence à indiquer est celle du domicile légal, soit, pour les premiers, celle du père ou du tuteur, et, pour les seconds, celle du tuteur [nᵒ 102] (2).

13. Les jeunes soldats appelés sous les drapeaux pour satisfaire aux obligations de la loi militaire sont réputés avoir conservé leur ancien domicile (nᵒ 116).

### CAS PARTICULIERS.

### a. *Collectivités.*

14. Les collectivités imposables (État, départements, communes, établissements publics, associations, syndicats, sociétés, etc.) doivent être portées

---

(1) Dans les communes exclusivement rurales, la mention *au bourg* supplée à l'indication de la rue pour les contribuables habitant dans l'agglomération principale.

(2) Il n'est, dans aucun cas, nécessaire de mentionner le nom du père ou du tuteur.

sous leur dénomination exacte, telle qu'elle résulte des actes officiels ou constitutifs (1).

La dénomination est à compléter par l'indication du siège de l'établissement, à moins qu'il ne s'agisse de l'État, des départements, des communes ou de collectivités pour lesquelles cette indication apparaît superflue [n⁰ˢ 13, 15, 16, etc.] (2).

15. Afin de faciliter le classement alphabétique, la désignation des diverses collectivités n'est jamais précédée de l'article *le, l', la, les* (n⁰ˢ 1, 9, 13, 28, 41, 50, etc.).

Pour le même motif, lorsque la dénomination statutaire d'une société débute par *le, l', la, les,* on fait purement et simplement abstraction de l'article placé en tête du libellé adopté [n⁰ˢ 42 (*l'Émancipation des consommateurs*), 46 (*les Fermiers réunis*), 47 (*les Fils de A. Dupont*), 48 (*la Foncière*), etc.].

16. La dénomination des collectivités doit être transcrite sans aucune interversion dans ses parties (n⁰ˢ 28, 38, 41, 70, 81, etc.) ; les mots *Commune de La, Compagnie du, Département de, Société anonyme des, Sœurs de,* etc. ne sont pas rejetés à la fin, mais maintenus en tête.

Cependant, lorsque dans la raison sociale d'une société en nom collectif, en commandite ou à responsabilité limitée, les associés sont désignés à la fois par leurs noms et prénoms, les prénoms doivent toujours être transcrits après les noms correspondants (n⁰ˢ 17, 92), ainsi qu'il est de règle pour les simples particuliers.

17. Pour les impositions établies au nom de l'État, la désignation *État* est suivie de celle de l'Administration par laquelle l'État est représenté dans le cas envisagé (n⁰ˢ 1, 3 à 7).

18. En ce qui concerne les sociétés, l'indication de la forme ou de l'espèce particulière de la société doit suivre la dénomination statutaire (n⁰ˢ 17, 39,

---

(1) En particulier, les appellations à retenir pour les communes sont fournies par les tableaux de la population publiés par le Ministère de l'Intérieur et insérés par département au Recueil des actes administratifs de la Préfecture après chaque dénombrement quinquennal ou, dans le cas de créations de communes ou de changements de nom, par les décrets spéciaux rendus dans l'intervalle de deux dénombrements.

(2) Sur les matrices cadastrales, lorsqu'il s'agit des comptes spéciaux ouverts par application de l'article 105 de la loi du 3 frimaire an vii, la mention (*pour mémoire*) doit suivre la désignation de la collectivité.

40, 48, 60, 68, 84, 92, etc.), sauf, bien entendu, si l'indication dont il s'agit est déjà incluse dans cette dernière dénomination (nᵒˢ 14, 18, 70, 73, etc.).

Cette précaution est toutefois inutile à l'égard de la Banque de France, des compagnies de chemins de fer ou d'autres grands établissements (nᵒˢ 13, 37, etc.).

19. La mention du siège des différents établissements est soumise aux même règles que l'indication de la demeure pour les particuliers (V. art. 8 à 11) [nᵒˢ 10, 11, 12, etc.].

b. *Indivision, usufruit, emphythéose, bail à convenant.*

20. Dans le cas où des propriétés sont dans l'indivision, l'article relatif à la contribution foncière doit comporter la désignation de tous les copropriétaires (nᵒˢ 20, 36, 145) [1]. Si toutefois le nombre de ceux-ci est trop élevé, le contribuable dont la part est prépondérante figure seul, avec la mention *et consorts* précédant l'indication de sa demeure (nᵒ 129).

Les collectivités doivent cependant être dénommées en tout état de cause; au cas où elles possèdent des biens indivisément avec des particuliers, elles sont inscrites en premier lieu (nᵒ 20).

Quand un propriétaire est décédé et qu'il n'y a pas eu partage de ses biens, l'article est libellé sous le nom collectif des héritiers (nᵒ 114); si les biens n'ont pas été partagés entre la veuve et les héritiers, ils sont portés sous le nom de la veuve et des héritiers collectivement (nᵒ 118). Dans l'un et l'autre cas, l'adresse de l'ancien propriétaire est maintenue jusqu'à ce que le partage soit effectué.

21. Lorsqu'une propriété est grevée d'un droit d'usufruit, les nom, prénom, profession ou qualité et demeure de l'usufruitier, seul redevable de l'impôt foncier, doivent figurer dans le libellé de l'article à la suite de la désignation du propriétaire (nᵒˢ 32, 96). Il en est de même dans le cas d'emphythéose (nᵒ 149).

22. En ce qui touche les propriétés faisant l'objet d'un bail à convenant (domaines congéables), l'article ouvert pour l'acquit de la contribution foncière est libellé à la fois au nom du propriétaire foncier et à celui du tenuyer, tous deux ayant des droits de propriété distincts (nᵒ 94).

---

(1) Un article est encore ouvert au nom de plusieurs contribuables lorsque la propriété effective de biens sans propriétaire apparent fait l'objet d'un litige (nᵒ 115).

23. Dans le cas d'un établissement mainmortable possédant des biens indivisément avec un contribuable ordinaire ou n'ayant que la nue propriété d'un immeuble dont l'usufruit appartient à un tiers, un article distinct est ouvert pour l'acquit de la taxe des biens de mainmorte exigible, immédiatement après l'article sous lequel les propriétés en cause sont imposées à la contribution foncière ; dans le libellé de cet article spécial, la désignation du copropriétaire ou de l'usufruitier ne doit pas être incluse (nᵒˢ 21, 33).

On procède de même dans le cas où les propriétés possédées par l'établissement mainmortable font l'objet d'un bail emphythéotique ou à convenant.

Dans les diverses hypothèses envisagées, en effet, il convient de libeller l'article spécial du rôle au nom du seul établissement redevable de la taxe.

## § II. — CLASSEMENT ALPHABÉTIQUE DES CONTRIBUABLES.

24. Sur les matrices, les collectivités de toute nature sont rassemblées en tête, avant les particuliers.

25. Les collectivités sont rangées dans l'ordre alphabétique successif de toutes les lettres composant leur dénomination (nᵒˢ 1 à 92).

Toutefois, l'on doit inscrire en premier lieu :

*a*. l'État et les établissements publics nationaux pour leurs bois (nᵒˢ 1 à 3) ;

*b*. l'État et les établissements publics nationaux pour leurs autres impositions (nᵒˢ 4 à 8).

26. Les particuliers sont classés entre eux dans l'ordre alphabétique successif de toutes les lettres composant leur nom patronymique, les noms composés de plusieurs mots, réunis ou non par un tiret, étant considérés comme s'ils s'écrivaient sans interruption (nᵒˢ 93 et suivants).

Cette règle ne souffre aucune exception et pour les noms qui débutent par une particule (*de, d', du, de la, des*), notamment, c'est cette particule qui commande le classement (nᵒˢ 100, 102, 104, etc.).

En cas d'identité de noms de famille, le classement est effectué suivant l'ordre alphabétique des prénoms (nᵒˢ 102 et 103, 119 et 120) ou des noms des épouses, au cas où le nom de la femme est adjoint à celui du mari, comme il est dit à l'article 3, et placé immédiatement après celui-ci (p. 24, renvoi 1, n[os] 116 A et 117 A).

27. **Dans** les cas spéciaux prévus aux articles 20 à 22, le contribuable (collectivité ou particulier) désigné en premier lieu est seul pris en considération pour le classement (n[os] 20, 32, 94, 96, etc.).

# EXEMPLE FICTIF.

**Nota.** — Les contribuables faisant l'objet de l'exemple fictif ci-après étant supposés inscrits sur la matrice de la commune de Romorantin (département de Loir-et-Cher), on a marqué d'une croix ($^+$) les communes, autres que Romorantin, situées dans le département de Loir-et-Cher et d'un astérisque ($^*$) les rues, hameaux et lieux-dits situés sur le territoire de la commune de Romorantin.

| NUMÉRO d'ordre. | NOM, PRÉNOM, PROFESSION OU QUALITÉ ET DEMEURE DES CONTRIBUABLES. | OBSERVATIONS. |
|---|---|---|
| 1 | ÉTAT, par l'Administration des Eaux et Forêts | Article concernant les bois de l'État. |
| 2 | INSTITUT DE FRANCE (bois soumis au régime forestier), 23, quai de Conti, à PARIS (6e). | Article concernant les bois d'un établissement public national. |
| 3 | ÉTAT, par l'Administration des Domaines (bois de l'ancienne fabrique de Romorantin) | Article concernant des bois provenant d'un établissement ecclésiastique supprimé et qui ont fait retour à l'État, mais sont encore affectés à l'acquit des dettes de l'établissement. |
| 4 | ÉTAT, par l'Administration des Beaux-Arts | Article concernant des biens de l'État gérés par l'Administration des Beaux-Arts. |
| 5 | ÉTAT, par l'Administration des Chemins de fer de l'État | Article concernant des chemins de fer exploités par l'État. |
| 6 | ÉTAT, par l'Administration des Domaines | Article concernant des biens de l'État gérés par l'Administration des Domaines. |
| 7 | ÉTAT, par l'Administration des Ponts et chaussées | Article concernant les terrains d'une ligne de chemin de fer concédée, dont les travaux d'infrastructure sont effectués par l'État ou, pour le compte et aux frais de l'État, par une compagnie concessionnaire. |
| 8 | INSTITUT DE FRANCE, 23, quai de Conti, à PARIS (6e). | Article concernant les biens d'un établissement public national. |
| 9 | ADMINISTRATION GÉNÉRALE DE L'ASSISTANCE PUBLIQUE, 3, avenue Victoria, à PARIS (4e). | Les diverses propriétés appartenant aux hôpitaux, hospices, maisons de retraite, bureaux de bienfaisance, etc. de la Ville de Paris sont imposées au nom de l'Administration générale de l'Assistance publique, service spécial institué par la loi du 10 janvier 1849. |
| 10 | ASSOCIATION CULTUELLE DES FIDÈLES DE L'ÉGLISE ÉVANGÉLIQUE DU SAINT-ESPRIT, 13, rue de l'Amiral-Garnier *. | Association pour l'exercice du culte. (Loi du 9 décembre 1905.) |
| 11 | ASSOCIATION DIOCÉSAINE DE L'ÉVÊCHÉ DE BLOIS, 116, rue Louis-Pasteur, à BLOIS +. | Association pour l'exercice du culte. (Loi du 9 décembre 1905.) |
| 12 | ASSOCIATION SYNDICALE DE LA SAULDRE, à ARGENT-SUR-SAULDRE (CHER) | Association syndicale formée entre propriétaires intéressés à des travaux d'utilité collective. (Loi du 21 juin 1865 mod. par loi du 22 décembre 1888.) |
| 13 | BANQUE DE FRANCE | Société anonyme. |
| 14 | BANQUE POPULAIRE DE LOIR-ET-CHER, 1, rue des Cordeliers, à BLOIS +. | Banque populaire. (Loi du 13 mars 1917.) |
| 15 | BUREAU D'ASSISTANCE DE ROMORANTIN | Établissement public. |
| 16 | BUREAU DE BIENFAISANCE DE ROMORANTIN | Établissement public. |
| 17 | BUREAU Paul et Raymond, société en nom collectif, 13, rue Denis-Papin, à BLOIS +. | Société en nom collectif. |
| 18 | CAISSE DE CRÉDIT AGRICOLE DU VENDÔMOIS, 9, rue des Viviers, à VENDÔME +. | Caisse de crédit agricole mutuel. (Loi du 5 août 1920.) |
| 19 | CAISSE D'ÉPARGNE DE ROMORANTIN | Caisse d'épargne privée. (Loi du 20 juillet 1895 mod. par loi du 18 octobre 1919.) |

| NUMÉRO D'ORDRE. | NOM, PRÉNOM, PROFESSION OU QUALITÉ ET DEMEURE DES CONTRIBUABLES | OBSERVATIONS. |
|---|---|---|
| 20 | Caisse des écoles de Meung-sur-Loire (Loiret) et M. Bertrand Marcel, 20, rue des Carmes, à Orléans (Loiret). | Propriétés indivises. |
| 21 | Caisse des écoles de Meung-sur-Loire (Loiret) . . . . . . . . . . . . . . . . . . . . . . | Article spécial ouvert pour l'acquit de la taxe des biens de mainmorte due pour des propriétés indivises entre un établissement mainmortable et un contribuable ordinaire, lesquelles propriétés sont imposées à la contribution foncière sous l'article qui précède immédiatement (v. n° 20). |
| 22 | Cercle de la jeunesse de Romorantin, 3, rue de la Courtinière * . . . . . . . . . . | Association déclarée. (Loi du 1er juillet 1901.) |
| 23 | Chambre d'agriculture de Blois, 65, rue Victor-Hugo, à Blois + . . . . . . . . . . | Établissement public. |
| 24 | Chambre de commerce de Blois, 8, rue de la Tour, à Blois + . . . . . . . . . . . . | Établissement public. |
| 25 | Chambre syndicale des entrepreneurs des travaux de bâtiments de Romorantin, 13, faubourg de Paris *. | Syndicat professionnel patronal. (Loi du 21 mars 1884.) |
| 26 | Chambre syndicale des ouvriers maçons de Romorantin, 20, rue des Traverses *. | Syndicat professionnel ouvrier. (Loi du 21 mars 1884.) |
| 27 | Colin, Rousseau et Armandot, société en nom collectif, 22, faubourg d'Orléans * . . . | Société en nom collectif. |
| 28 | Commune de La Ville-aux-Clercs +. | |
| 29 | Commune de Montabon (Sarthe). | |
| 30 | Commune de Mont-près-Chambord +. | |
| 31 | Commune de Romorantin. | |
| 32 | Commune de Romorantin, nue propriétaire, par M. Moreau Étienne, général du cadre de réserve, usufruitier, à Nouan-le-Fuzelier +. | Propriétés grevées d'usufruit. |
| 33 | Commune de Romorantin, nue propriétaire . . . . . . . . . . . . . . . . . . . . . . | Article spécial ouvert pour l'acquit de la taxe des biens de mainmorte due pour des immeubles dont un établissement mainmortable n'a que la nue propriété, lesquels immeubles sont imposés à la contribution foncière sous l'article qui précède immédiatement (v. n° 32). |
| 34 | Commune de Romorantin, par l'Association cultuelle des fidèles de l'Église évangélique méthodiste de Blois, 17, rue du Consistoire *. | Article relatif à un édifice appartenant à la commune, mis à la disposition d'une association cultuelle. (Loi du 9 décembre 1905, art. 13, mod. par loi du 13 avril 1908, art. 5). |
| 35 | Commune du Boulay (Indre-et-Loire). | |
| 36 | Communes de La Ferté-Saint-Cyr +, de Neung-sur-Beuvron + et de Romorantin. | Propriétés indivises. |
| 37 | Compagnie du chemin de fer de Paris à Orléans . . . . . . . . . . . . . . . . . . . | Propriétés faisant partie du domaine public et dont l'État entrera en possession à la fin de la concession. |

| NUMÉRO d'ordre. | NOM, PRÉNOM, PROFESSION OU QUALITÉ ET DEMEURE DES CONTRIBUABLES | OBSERVATIONS. |
|---|---|---|
| 38 | *Compagnie du chemin de fer de Paris à Orléans (domaine privé)*........... | Propriétés faisant partie du domaine privé de la compagnie. |
| 39 | *Compagnie minière du Centre, société anonyme, 14, rue d'Alsace, à Angers (Maine-et-Loire).* | Société anonyme. |
| 40 | *Comptoir de l'Ouest, société coopérative anonyme ouvrière de crédit, 54, rue du Haut-Bourg, à Blois +.* | Société coopérative ouvrière de crédit. (Loi du 18 décembre 1915.) |
| 41 | *Département de Loir-et-Cher.* | |
| 42 | *Émancipation des consommateurs, société coopérative anonyme de consommation, 13, rue des Longs-Préaux *.* | Société coopérative de consommation. (Loi du 7 mai 1917 mod. par loi du 14 juin 1920.) |
| 43 | *Emery et C<sup>ie</sup>, société en nom collectif, 3, chemin de l'Étang-Neuf *............* | Société en nom collectif. |
| 44 | *Établissements Ledoux et C<sup>ie</sup>, société anonyme, 13, rue Manuel *............* | Société anonyme. |
| 45 | *Fabrique de Romorantin (Biens de l'ancienne), par le Receveur des Domaines, séquestre.* | Biens des anciens établissements du culte placés sous séquestre. |
| 46 | *Fermiers réunis, société coopérative anonyme agricole, 16, rue du Vieux-Château *..* | Société coopérative agricole. (Loi du 5 août 1920.) |
| 47 | *Fils de A. Dupont, société à responsabilité limitée, 5, rue des Tanneurs *.........* | Société à responsabilité limitée. (Loi du 7 mars 1925.) |
| 48 | *Foncière, société anonyme de capitalisation, 12, rue Saint-Honoré, à Paris (1<sup>er</sup>)....* | Société de capitalisation. (Loi du 19 décembre 1907.) |
| 49 | *Fondation Brignolle-Galliera, à Chemillé-sur-Dême (Indre-et-Loire).....* | Établissement d'utilité publique. |
| 50 | *Habitants du hameau de la Brigaudière * (1)...........................* | Biens sectionnaires. |
| 51 | *Hôpital-hospice de Mettray (Indre-et-Loire).....................* | Établissement public. |
| 52 | *Hospice de Salbris +.........................................* | Établissement public. |
| 53 | *Hospice de Salbris + (pour l'orphelinat Dubois)......................* | Fondation sans personnalité et administrée par un établissement public. |
| 54 | *Imbert et C<sup>ie</sup>, société coopérative de production en commandite par actions, 38, faubourg de Blois *.* | Société coopérative ouvrière de production. (Loi du 18 décembre 1915.) |

(1) On pourrait encore adopter les libellés suivants, s'ils sont conformes aux appellations locales :

   *Section de la Brigaudière *.*
  ou *Habitants du village de la Brigaudière *.*
  ou *Hameau de la Brigaudière *.*
  ou *Village de la Brigaudière *.*

| NUMÉRO D'ORDRE. | NOM, PRÉNOM, PROFESSION OU QUALITÉ ET DEMEURE DES CONTRIBUABLES. | OBSERVATIONS. |
|---|---|---|
| 55 | *INSTITUTION SAINT-LOUIS*, société anonyme, *10*, rue du Monastère * . . . . . . . . . . . . | Société anonyme à objet civil. |
| 56 | *MAISON ALFRED MAME ET FILS*, société anonyme, *18*, rue des Halles, à *TOURS* (*INDRE-ET-LOIRE*). | Société anonyme. |
| 57 | *MUTUELLE DE L'OUEST*, société de caution mutuelle, *8*, avenue Victor-Hugo, à *RENNES* (*ILLE-ET-VILAINE*). | Société de caution mutuelle. (Loi du 13 mars 1917.) |
| 58 | *ŒUVRE DES PAUVRES DU CANTON DE MONDOUBLEAU*, à *MONDOUBLEAU* † . . . . . . . . . | Association reconnue d'utilité publique. (Loi du 1er juillet 1901.) |
| 59 | *OFFICE DÉPARTEMENTAL DES PUPILLES DE LA NATION*, *6*, place de la Préfecture, à *BLOIS* †. | Établissement public. |
| 60 | *PATRIMONIALE*, compagnie anonyme d'assurances contre l'incendie, *3*, rue des Sables, à *NEVERS* (*NIÈVRE*). | Entreprise d'assurances. |
| 61 | *PAUVRES DE ROMORANTIN* . . . . . . . . . . . . . . . . . . . . . . . . . . . . . | Propriétés léguées aux pauvres, sans que leur affectation rentre dans les attributions normales du bureau de bienfaisance ni du bureau d'assistance. |
| 62 | *PRÉSERVATRICE*, compagnie anonyme d'assurances sur la vie, *12*, rue Réaumur, à *PARIS* (*3e*). | Entreprise d'assurances. |
| 63 | *PRÉVOYANTE*, compagnie anonyme d'assurances contre les risques d'accidents, *2*, rue Denis-Papin, à *BLOIS* †. | Entreprise d'assurances. |
| 64 | *PRÉVOYANTS DE L'AVENIR*, société d'épargne, *78*, rue Bonaparte, à *PARIS* (*6e*) . . . . . | Société d'épargne. (Loi du 3 juillet 1913.) |
| 65 | *PROGRÈS*, société d'assurances mutuelles contre l'incendie, *4*, rue du Vieux-Château *. | Société d'assurances mutuelles. |
| 66 | *PROSPÉRITÉ*, société d'assurances mutuelles contre la grêle, *12*, rue des Grands-Marais *. | Société d'assurances mutuelles. |
| 67 | *RADIO-CLUB DE ROMORANTIN*, *5*, place de l'Église * . . . . . . . . . . . . . . . . . . | Association déclarée. (Loi du 1er juillet 1901.) |
| 68 | *ROUMY frères*, société à responsabilité limitée, *12*, place du Marché * . . . . . . . . . . | Société à responsabilité limitée. (Loi du 7 mars 1925.) |
| 69 | *ROYAL*, compagnie anonyme anglaise d'assurances sur la vie, *29*, rue Notre-Dame-des-Victoires, à *PARIS* (*2e*). | Société étrangère imposée avec l'indication du siège secondaire qu'elle a en France. |
| 70 | *SOCIÉTÉ ANONYME DES BRIQUETERIES DE LOIR-ET-CHER*, à *NEUNG-SUR-BEUVRON* †. | Société anonyme. |
| 71 | *SOCIÉTÉ ANONYME DES CARRIÈRES DE LA RÉGION DU CENTRE*, *20*, rue de Rennes, à *PARIS* (*6e*). | Société anonyme. |

| NUMÉRO D'ORDRE. | NOM, PRÉNOM, PROFESSION OU QUALITÉ ET DEMEURE DES CONTRIBUABLES. | OBSERVATIONS. |
|---|---|---|
| 72 | SOCIÉTÉ ARCHÉOLOGIQUE, SCIENTIFIQUE ET LITTÉRAIRE DU VENDÔMOIS, à VENDÔME †. | Association reconnue d'utilité publique. (Loi du 1ᵉʳ juillet 1901.) |
| 73 | SOCIÉTÉ À RESPONSABILITÉ LIMITÉE DES TUILERIES DE SOLOGNE, à la Vieille-Filanderie *. | Société à responsabilité limitée. (Loi du 7 mars 1925.) |
| 74 | SOCIÉTÉ CIVILE DE L'IMMEUBLE N° 9 DE LA RUE DES LIMOUSINS, 7, rue de la Maille-d'Or *. | Société civile. |
| 75 | SOCIÉTÉ DE CRÉDIT IMMOBILIER DE LOIR-ET-CHER, 107, rue du Commerce, à BLOIS †. | Société de crédit immobilier. (Loi du 5 décembre 1922.) |
| 76 | SOCIÉTÉ DE SECOURS MUTUELS DE ROMORANTIN, 12, rue du Château-Neuf *...... | Société de secours mutuel. (Loi du 1ᵉʳ avril 1898.) |
| 77 | SOCIÉTÉ IMMOBILIÈRE DU FAUBOURG DE BLOIS, société civile par actions, 17, Grande-Rue *. | Société civile par actions. |
| 78 | SOCIÉTÉ MIXTE DE TIR DE ROMORANTIN, aux Montées de Mallemort *.......... | Association déclarée. (Loi du 1ᵉʳ juillet 1901.) |
| 79 | SOCQUET ET LHÉRITIER, société civile, 25, rue Saint-Mathurin *.............. | Société civile. |
| 80 | SODOMER ET MARIN, société en nom collectif, 93, rue des Limousins *............ | Société en nom collectif. |
| 81 | SŒURS DE SAINTE-ANNE DE LA PROVIDENCE, 6, rue du Martroy *............. | Congrégation religieuse autorisée. |
| 82 | SŒURS DE SAINT-JOSEPH DE CLUNY, 9, rue de l'Abbaye *.................... | Congrégation religieuse autorisée. |
| 83 | SOLIDARITÉ DE ROMORANTIN, société anonyme d'habitations à bon marché, 20, rue du Martroy *. | Société d'habitations à bon marché. (Loi du 5 décembre 1922.) |
| 84 | STEINER ET Cⁱᵉ, société en commandite par actions, 10, rue des Remparts *......... | Société en commandite par actions. |
| 85 | SYNDICAT AGRICOLE DU CANTON DE ROMORANTIN, 3, avenue de Fontfroide *...... | Syndicat professionnel agricole. (Loi du 21 mars 1884.) |
| 86 | SYNDICAT DES COMMUNES DE LANTHENAY †, DE MILLANÇAY †, DE ROMORANTIN ET DE VILLEHERVIERS †. | Établissement public. |
| 87 | SYNDICAT DES OUVRIERS CORDONNIERS DE ROMORANTIN, 23, rue de l'Abbaye *.... | Syndicat professionnel ouvrier. (Loi du 21 mars 1884.) |
| 88 | SYNDICAT D'INITIATIVE DU VENDÔMOIS, 32, rue Denis-Papin, à BLOIS †......... | Association déclarée (Loi du 1ᵉʳ juillet 1901.) |
| 89 | SYNDICAT MIXTE DES PATRONS ET OUVRIERS DE L'INDUSTRIE TEXTILE DE ROMORANTIN, 30, rue de la Mairie *. | Syndicat professionnel mixte. (Loi du 21 mars 1884.) |

| NUMÉRO D'ORDRE. | NOM, PRÉNOM, PROFESSION OU QUALITÉ ET DEMEURE DES CONTRIBUABLES. | OBSERVATIONS. |
|---|---|---|
| 90 | *TRAVAILLEURS DU BÂTIMENT*, société anonyme à participation ouvrière, 14, rue du Vieux-Château *. | Société anonyme à participation ouvrière. (Loi du 24 juillet 1867 mod. par loi du 16 avril 1917, titre VI.) |
| 91 | *UNION DES SOCIÉTÉS DE TIR DU DÉPARTEMENT DE LOIR-ET-CHER*, 21, faubourg de Blois *. | Union d'associations déclarées. (Décret du 16 août 1901, art. 7.) |
| 92 | *URRAC Maurice ET Cie*, société en commandite simple, 103, rue des Tanneurs *. ; . . . . . | Société en commandite simple. |
| 93 | *Mlle AMIOT Suzanne*, institutrice, 33. rue du Grand-Marché *. | |
| 94 | *M. ARDOUIN Jean-Jacques*, foncier, à *MEUNG-SUR-LOIRE* (*LOIRET*), et *M. BEAUVAIS Théodore*, tenuyer, aux Aulnettes *. | Propriétés faisant l'objet d'un bail à convenant. |
| 95 | *M. ARDOUINEAU Albert*, ingénieur des Travaux publics de l'État, 37, rue des Longeraies *. | |
| 96 | *M. BEAUMONT Jules*, nu propriétaire, à *MONT-PRÈS-CHAMBORD* +, par *Mme D'ALLAYRAC Julie*, usufruitière, aux Provenchères *. | Propriétés grevées d'usufruit. |
| 97 | *M. BEAUPRÉAU DE LA FORCE Jacques* (le comte), au château de Fontenailles *. | |
| 98 | *Mme BEAUPRÉAU DE LA FORCE Jacques* (la comtesse), née de Bellac, au château de Fontenailles *. | Imposition s'appliquant à une femme mariée. |
| 99 | *Mme DAVID Marguerite*, aubergiste, 35, rue Didot, à *PARIS* (*14e*) . . . . . . . . . . . . . . | Imposition s'appliquant à une femme divorcée. |
| 100 | *M. DE BELLAC Guy* (le marquis), sénateur, 15, rue Bernard-Palissy, à *TOURS* (*INDRE-ET-LOIRE*). | |
| 101 | *M. DELABORDE Victor*, menuisier, 32, rue de la Rochelle *. | |
| 102 | *Mlle DE LA BRETONNIÈRE Amélie*, 76, rue Traversière, à *VENDÔME* + . . . . . . . . . . . . . | Imposition s'appliquant à une mineure. — Adresse du tuteur. |
| 103 | *M. DE LA BRETONNIÈRE François*, banquier, 76. rue Traversière, à *VENDÔME* +. | |
| 104 | *M. DE SAINT-MARC Albert*, précepteur, au château des Trèves, cne de *ROCHES* +. | |
| 105 | *M. DES COURTILS François*, commissionnaire en marchandises, 3, rue Clauzel, à *PARIS* (*9e*). | |
| 106 | *M. DESCOURTILS Raoul*, maître de forges, à *MARTINCOURT-SUR-MEUSE* (*MEUSE*). | |
| 107 | *Mme D'ODON DE LA FRESNAYE* veuve, née Jubert Yolande, au château des Rettes, cne de *LOMBEZ* (*GERS*). | Imposition s'appliquant à une veuve. |
| 108 | *M. DU PARC Marcel*, agent d'assurances, à la Brigandière *. | |
| 109 | *M. DUPLEXNE Robert*, instituteur, à *LA CHAPELLE-MONT-MARTIN* +. | |

| NUMÉRO D'ORDRE | NOM<br>PRÉNOM, PROFESSION ET QUALITÉ<br>ET DEMEURE DES CONTRIBUABLES | OBSERVATIONS |
| --- | --- | --- |
| 110 | M. DU PLESSIS Eugène, chef de bataillon au 7ᵉ régiment du génie, 9, rue Mistral, à AVIGNON (VAUCLUSE). | |
| 111 | M. DUPONT Gustave, marchand de balais, à la Petite-Malmusse *. | |
| 112 | M. DUPONT D'ALLONGEVILLE Charles, fabricant de glaces, 3, rue Josaphat, à BRUXELLES (BELGIQUE). | |
| 113 | M. DUPONT DE LARDY Georges, capitaine de frégate, 23, rue de la République, à BREST (FINISTÈRE). | |
| 114 | M. DUPONT-DESTOURS Léon (Les héritiers de), impasse de Maison-Neuve * ............. | Propriétés restées dans l'indivision entre les héritiers après le décès du contribuable. — Maintien de l'adresse de l'ancien propriétaire jusqu'à ce que le partage soit effectué. |
| 115 | M. ÉTIENNE Léon, menuisier, 40, rue des Limousins *, et M. RENAUD Joseph, cordonnier, 29, rue des Tanneurs *, en litige. | Biens sans propriétaire apparent et dont la propriété effective est revendiquée par deux contribuables. |
| 116 | M. FARÉ Jean, époux Rabot, à la Brigaudière * (1). .............. | Imposition s'appliquant à un jeune soldat. — Maintien de l'ancien domicile. |
| 117 | M. FARÉ Philippe, époux Mourlon, boucher, 17, avenue des Tilleuls * (1). | |
| 118 | M. GAUDRON Émile (La veuve et les héritiers de), 15, rue Traversière, à VENDÔME *. | Propriétés restées dans l'indivision entre la veuve et les héritiers après le décès du contribuable. — Maintien de l'adresse de l'ancien propriétaire jusqu'à ce que le partage soit effectué. |
| 119 | M. GIRARD Paul Léon, journalier, 47, rue de la Salamandre *. | |
| 120 | M. GIRARD Paul Victor, fermier, route des Bois-Blancs * | |
| 121 | M. LA BERNERIE Robert, minotier, chemin des Prevenchères *. | |
| 122 | M. LEBRETON Paul, dit La Jeunesse, ouvrier agricole, sentier des Seize-Hectares *. | |
| 123 | M. LEBRETON Victor, géomètre, à la Petite-Ferme, cᵐⁿ de GEVROLLES (CHER). | |
| 124 | M. LEFEBVRE-LEFORT Joseph, vétérinaire, 8, rue de la Mairie *. | |
| 125 | M. LEFESVRE-ARMANDOT Léopold, cafetier, 3, rue de la Salamandre *. | |
| 126 | Mᵐᵉ LE NORMANT veuve, née Turpin Émilie, 11, rue des Ormes, à SENLIS (OISE) ..... | Imposition s'appliquant à une veuve. |
| 127 | M. LENORMANT DES RIEUX Guy, notaire, 6, rue de la Promenade *. | |
| 128 | M. LE NORMANT-MARTINEAU Barthélemy, receveur des Postes, au CHEYLARD (ARDÈCHE). | |

(1) On pourrait encore, pour se conformer aux usages locaux, libeller comme suit la désignation de ces contribuables :

N° 116 A. M. FARÉ Mourlon Philippe, boucher, 17, avenue des Tilleuls *.

N° 117 A. M. FARÉ Rabot Jean, à la Brigaudière *.

Mais, dans ce cas, l'on doit s'abstenir de réunir les deux noms par un trait d'union, pour éviter toute confusion avec les noms patronymiques composés.

| NUMÉRO D'ORDRE. | NOM, PRÉNOM, PROFESSION OU QUALITÉ ET DEMEURE DES CONTRIBUABLES. | OBSERVATIONS. |
|---|---|---|
| 129 | M. *Lescuroux* Guillaume, marchand de biens, ET CONSORTS, aux Forges, c<sup>ne</sup> de COUR-CHEVERNY +. | Propriétés indivises. |
| 130 | M. *L'Estournel* Théodore, maître de pension, faubourg de l'Abbaye *. | |
| 131 | M. *Les Trémardières* Georges, avocat, 15, boulevard des Sablons *. | |
| 132 | M<sup>me</sup> *Lestureau* Jules veuve, née Robardier, boulangère, 2, place du Martroy *. | Imposition s'appliquant à une veuve. |
| 133 | M. *Odin* dit *Fleuriau* Maurice, auteur dramatique, 20, boulevard du Château, à NEUILLY-SUR-SEINE (SEINE). | |
| 134 | M. *O'Connel* John, chimiste-expert, route de la Croix-des-Élus *. | |
| 135 | M. *Parenteau* Louis, entrepreneur de maçonnerie, 8, rue du Grand-Marché *. | |
| 136 | M. *Parenteau-Armandière* Paul-Louis, percepteur, 12, rue du Vieux-Château *. | |
| 137 | M<sup>me</sup> *Parenteau de la Beslière* veuve, née Rabusseau Marie, au Prieuré *......... | Imposition s'appliquant à une veuve. |
| 138 | M<sup>me</sup> *Piron*, née Barat Marthe, 6, rue du Nord, à ORAN (ALGÉRIE).............. | Imposition s'appliquant à une femme mariée. |
| 139 | M. *Rocher* Luc, curé, 1, place de l'Église *. | |
| 140 | M<sup>lle</sup> *Rodin* Marie-Thérèse, épicière, 17, rue du Grand-Marché *. | |
| 141 | M<sup>me</sup> *Saissot* Marie, religieuse au couvent des Sœurs de Saint-Martin, à BOURGUEIL (INDRE-ET-LOIRE). | |
| 142 | M. *Saint-Amand* Guillaume, directeur honoraire des Contributions directes, à LA FERTÉ-MACÉ (ORNE). | |
| 143 | M<sup>me</sup> *Sainte-Foye* Clémentine, rentière, à LA PUYE (VIENNE). | |
| 144 | M. *Saintellier-Bachelard* Louis, marchand de bestiaux, aux Vieilles-Montées *. | |
| 145 | M. *Saintellier-Bachelard* Louis, marchand de bestiaux, aux Vieilles-Montées * et M<sup>me</sup> *Vautrin* veuve, née Morandière Berthe, à MONT-PRÈS-CHAMBORD +. | Propriétés indivises. |
| 146 | M. *Saint-Paul* Armand, agent de change, 9, rue des Chartreux, à LYON (6<sup>e</sup>). | |
| 147 | M. *Tardieu* Jean (le baron), armateur, 3, rue Crébillon, à NANTES (LOIRE-INFÉRIEURE). | |
| 148 | M. *Van Brenst* Charles, entrepositaire de bière, 6, boulevard de la Liberté, à LILLE (NORD). | |
| 149 | M. *Vernier* Émile, propriétaire, 38, rue de Strasbourg, à BOURGES (CHER), par M. *Lamblinière* Raoul, emphythéote, aux Bordes, c<sup>ne</sup> de GY *. | Propriétés emphytéosées. |

www.ingramcontent.com/pod-product-compliance
Lightning Source LLC
LaVergne TN
LVHW010051060726
842524LV00006B/2126